...E ET MORT

DE

...UGUSTE SIMON

SOUS-DIRECTEUR DE L'ÉCOLE NORMALE DE CHALONS

PAR

M. l'abbé A. TILLOY

CHANOINE DE L'ORDRE DES ÉVÊQUES DE LA BASILIQUE DE N.-D. DE LORETTE
OFFICIER D'ACADÉMIE
SUPÉRIEUR DE L'ÉCOLE SAINT-DENIS (PARIS)

PARIS

IMPRIMERIE DE L'ŒUVRE DE SAINT-PAUL

51, RUE DE LILLE, 51

1883

VIE ET MORT

DE

AUGUSTE SIMON

SOUS-DIRECTEUR DE L'ÉCOLE NORMALE DE CHALONS

PAR

M. l'abbé A. TILLOY

CHANOINE DE L'ORDRE DES ÉVÊQUES DE LA BASILIQUE DE N.-D. DE LORETTE
OFFICIER D'ACADÉMIE
SUPÉRIEUR DE L'ÉCOLE SAINT-DENYS (PARIS)

PARIS

IMPRIMERIE DE L'ŒUVRE DE SAINT-PAUL

51, RUE DE LILLE, 51

—

1883

A

MADAME VEUVE SIMON

Hommage de religieuse et vive condoléance

*Quos in terris semper junxit eadem
in cœlis jungat charitas.*

A. T.

AUGUSTE SIMON

La renommée, si recherchée par les hommes que séduit
l'éclat de la gloire humaine, est un peu comme la fortune : elle
est capricieuse et mobile. Elle n'accorde ordinairement ses
faveurs qu'aux hommes de succès, qui ont joué un rôle plus
ou moins brillant sur les grands théâtres du monde, et tandis
qu'elle recommande à l'admiration publique des mérites qui
sont souvent plus apparents que réels, elle dédaigne les existences modestes dont les dévouements désintéressés se conten-
tent d'être utiles : la vertu cachée n'est pas son fait.

Que de fermes esprits, que de nobles cœurs, que de martyrs
du devoir et de la charité ont mérité d'être à jamais glorifiés,
et dont la postérité ne connaîtra pas même les noms ! Leur
existence en ce monde s'est écoulée dans la pratique de dévouements continus. Oublieux d'eux-mêmes, ils se sont sacri-
fiés tout entiers au service de la société, sans découragement
et sans trêve ; mais, parce qu'au lieu de chercher le bruit ils
n'ont poursuivi que le bien, la renommée les a laissés dans
l'oubli.

Convient-il que les contemporains de ces héros de l'abnégation
et du dévouement ratifient ces injustes arrêts, et serait-il généreux de faire silence autour de ces nobles existences dont les
vertus s'imposent à notre respect et à notre reconnaissance ?
Il me semble qu'il y aurait là plus que de l'ingratitude : ce
serait une trahison, et la postérité aurait le droit de nous
reprocher d'avoir laissé périr dans nos mains un trésor d'exemples dignes de lui être transmis. Quand la mort vient briser
une vie dont la beauté morale a brillé du plus pur éclat, si
humble que soit le milieu où cette vie a exercé une salutaire

influence sur les âmes par ses œuvres comme par ses exemples, c'est presque un devoir chrétien de parler d'elle, non pour lui attirer un renom d'outre-tombe qu'elle n'a pas cherché, mais pour prolonger, pour étendre le profond rayonnement de son passage en ce monde, pour tourner les cœurs vers Celui qui en fut le principe vivant, avant d'en devenir la récompense. N'est-il pas utile d'ailleurs, aujourd'hui plus que jamais, que la vie des justes soit manifestée, afin que les âmes chrétiennes apprennent à se compter, à se connaître, à croire en elles-mêmes, à s'encourager, à ne pas perdre en lamentations stériles ces précieux jours de l'épreuve ? Ne convient-il pas, enfin, de ménager quelques consolations, humbles et terrestres, si l'on veut, mais toujours douces et fortifiantes, à toutes ces âmes délaissées, éparses dans ce *vaste désert d'hommes,* souvent méconnues, quelquefois flétries par le dédain, au milieu d'un monde qui ne glorifie plus guère que les triomphes de l'intrigue, de la ruse ou de la force brutale ?

C'est à nous, chrétiens, qu'il appartient de venger et de glorifier ces vertus modestes qui se sont épanouies dans le champ de l'Église. Tandis que tant d'autres écrivains se plaisent à raconter les mystères du vice et à spéculer sur la publicité du scandale, il nous importe de montrer que la foi a encore des disciples, et de rassurer les âmes chancelantes en leur signalant les miracles de vertu qu'elle ne cesse de produire. A nous de raconter l'histoire du bien, de mettre en lumière ces mérites qui se dérobent dans l'ombre, en face de l'effronterie du vice qui étale avec orgueil le faste de ses insolents triomphes ; à nous de faire connaître ces fleurs de justice, de piété et de dévouement écloses au pied de la croix ; à nous de montrer que la gloire d'une vie sans tache, consacrée tout entière à l'accomplissement du devoir, est la plus vraie comme la plus pure, la seule qui, dans ce monde même, s'impose à l'estime et à l'admiration de tous ceux dont l'estime et l'admiration méritent de compter pour quelque chose.

Ces réflexions amènent, hélas ! sous notre plume bien des noms tombés dans un oubli immérité ; mais il en est un, respectable et cher entre tous pour les lecteurs auxquels je m'adresse, un nom pour lequel j'ose revendiquer les honneurs de la publicité, car il rappelle à tous ceux qui ont connu et qui ont aimé celui qui le portait, quarante années d'une existence consacrée sans trêve à l'éducation des enfants du peuple, au service de son pays, et à la pratique des vertus chrétiennes. C'est à ces titres surtout que le nom d'Auguste Simon mérite de vivre dans le souvenir de la postérité. N'y eût-il que la continuité de son humble dévouement pour me déterminer à esquisser la douce et angélique figure de ce martyr du devoir, c'en serait assez pour que je me sentisse porté vers cette chère mémoire, sans autre ambition que la satisfaction de ma conscience. Un autre motif non moins puissant me sollicite, c'est le besoin d'acquitter une dette de cœur, envers l'ami le meilleur, le plus loyal, le plus fidèle, dont l'affection chrétienne m'accompagna de ses tendresses les plus délicates, de ses dévouements les plus généreux et les plus discrets, de ses conseils les plus sages et les plus désintéressés pendant quarante années de ma vie.

J'ose croire que les nombreux amis de notre cher et vénéré défunt me sauront quelque gré du discret et public hommage que je me propose de rendre à sa douce et sainte mémoire. En rassemblant quelques-uns des titres qui justifient nos regrets et l'affection fidèle et tendre que nous lui avons vouée, je voudrais prolonger pour eux comme pour moi le pieux souvenir que nous devons à une vie si pleine, couronnée par une mort si riche d'espérances.

I

Auguste Simon naquit à la Neuville-au-Pont (Marne) en 1822 de parents chrétiens, qui avaient conservé, malgré la tourmente révolutionnaire, la foi et les mœurs patriarcales de leurs ancêtres.

Son père exerçait les fonctions d'instituteur, et il était considéré dans le pays comme le modèle des maîtres, autant par son savoir que par le zèle et le dévouement dont il faisait preuve dans l'exercice de ses fonctions. Sous sa direction intelligente, l'école primaire de la Neuville-au-Pont devint une pépinière de candidats à l'École normale. Le jeune Auguste ne pouvait manquer de faire des progrès rapides sous la conduite d'un tel maître.

C'est le privilège de la première éducation de régler et de commander la vie presque tout entière, parce qu'elle s'adresse à l'âme encore tendre d'impressions, et que celle-ci, comme une cire molle, reçoit toutes les formes qu'on lui donne. En effet, toutes les idées premières, tous les sentiments dont on nourrit l'âme de l'enfant, sont pour ainsi dire comme les éléments qui constituent sa physionomie morale. Heureux ceux-là qui ont reçu les leçons de piété d'une mère vraiment chrétienne ! Auguste Simon eut ce bonheur.

En même temps qu'il recevait de son père les enseignements de l'instruction élémentaire, sa pieuse mère lui prodiguait les fortes et saines leçons de vertu, qui préparent l'homme moral. Et sous l'influence combinée de l'apostolat du père et de la mère, on voyait se développer sur cette jeune tige les fleurs de pureté, de sagesse et de science qui devaient produire plus tard les meilleurs fruits. De là, cette piété native, ces ardeurs précoces pour le travail, cette fermeté dans la foi et cette délicatesse de conscience qui ne se démentirent jamais dans la suite, parce que ces dons divins avaient été communiqués à cette âme d'enfant pour ainsi dire avec la vie.

A douze ans, Auguste Simon avait terminé ses études élémentaires. Sa famille le plaça au petit séminaire de Châlons pour y faire ses études classiques.

C'est dans ce pieux asile que je le rencontrai et que j'appris à le connaître et à l'aimer de cette bonne et franche affection d'où naissent les amitiés chrétiennes, qui survivent aux épreuves et aux orages de la vie. Je me sentais attiré, subjugué pour ainsi dire, par la gravité et la modestie de ce condisciple que sa conduite si régulière et si correcte recommandait à la confiance de ses maîtres, à l'estime et à l'admiration de ses condisciples. Il était, en effet, en tous points notre modèle.

Élève sérieux et modeste, assidu au travail, affectueux et bon pour tous, il avait au plus haut degré le sentiment du devoir et le respect de l'autorité. Il voyait dans ses maîtres les représentants de Dieu, et dans le règlement l'expression de sa volonté sainte. Aussi, ne surprit-on jamais sur ses lèvres la moindre parole de critique : il obéissait simplement et sans murmure. Il avait contracté l'habitude de cette soumission filiale dans une famille où les enfants ne soupçonnaient même pas qu'on pût discuter un ordre de ses parents ou de ses maîtres.

Auguste Simon resta quatre ans au petit séminaire. Fils et neveu d'instituteur, il se sentait poussé par un attrait irrésistible à suivre la tradition paternelle, comme devaient le faire plus tard son frère et un de ses neveux. Il semble que la transmission héréditaire de la vocation d'élever et d'instruire l'enfance, vocation si haute et si désintéressée, ne devait jamais faire défaut dans la famille Simon; elle y existe, elle s'y conserve encore, et c'est le signe distinctif de ce qui mérite le nom de vocation.

Après une année de préparation à l'École supérieure, Auguste Simon revint à la Neuville-au-Pont où il devint d'abord l'auxiliaire de son père, et fut appelé bientôt à lui succéder dans la direction de l'école communale. L'instruction et l'éducation des enfants qui lui étaient confiés devinrent dès lors l'objet de ses plus vives préoccupations et de son entier dévouement. Élevé à l'école de la religion, préparé dès son enfance par les leçons et les exemples de son vénérable père, il envisagea sa vocation d'instituteur comme la comprenait celui qui fut le modèle des maîtres, le sage et judicieux Rollin.

On respectait encore à cette époque d'anciennes maximes, héritage des siècles passés, qui étaient pour les maîtres de l'enfance des axiomes incontestables, et dont il importe d'autant plus de rappeler le souvenir, qu'elles paraissent plus dédaignées aujourd'hui.

« L'Université de Paris, disait Rollin, fondée par les rois de France pour travailler à l'instruction de la jeunesse, se propose dans cet emploi si important trois grands objets, qui sont la science, les mœurs et la religion. Elle songe premièrement à cultiver l'esprit des jeunes gens et à l'orner par toutes les connaissances dont ils sont capables. Ensuite elle s'applique à rectifier et à régler leur cœur par des principes d'honneur et de probité pour en faire de bons citoyens. Enfin, elle tâche d'achever et de perfectionner ce qu'elle n'a fait qu'ébaucher jusque-là, et elle travaille à mettre pour ainsi dire le comble à son ouvrage en formant en eux l'homme chrétien. »

Telle est, d'après le sage Rollin, la mission de l'instituteur de la jeunesse. Elle ne se borne pas à une spécialité de discipline ou d'enseignement; mais elle s'adresse à toutes les facultés de l'enfant pour les développer et les perfectionner : à son esprit et à son cœur; elle se préoccupe de sa vie religieuse comme de sa vie morale, et elle reçoit de la grandeur même de la fin qu'elle se propose, le caractère d'un véritable apostolat. D'où il suit que le premier intérêt, le premier devoir des éducateurs des enfants du peuple c'est qu'ils fassent des hommes; c'est que les enfants apprennent d'eux non seulement les sciences naturelles que réclame le programme de l'instruction élémentaire, mais qu'ils apprennent à se connaître assez pour savoir ce qu'ils sont en face de Dieu, de leurs semblables et d'eux-mêmes; c'est qu'ils reçoivent la notion exacte de leurs devoirs, c'est qu'ils aient un point d'appui inébranlable, et une invariable règle de conduite dans une conscience éclairée, dans des sentiments d'honneur et de probité, dans une habitude réfléchie de suivre, sans biaiser, la ligne de leurs devoirs; c'est qu'ils aient, en un mot, des *principes,* c'est-à-dire des croyances immuables, servant de règle à leur conduite. Et c'est pour cela même que Rollin élève la mission de l'instituteur à la hauteur d'un apostolat religieux.

« L'honneur est l'âme de tous les arts, ajoute ce grand maître, mais du nôtre principalement. Quels que soient les préjugés d'un siècle corrompu par la frivolité, il n'est rien de plus grand que notre profession ; rien qui exige des sentiments plus purs et plus élevés. C'est l'esprit et non le corps qui est confié à nos soins. Un père remet son fils entre nos mains ; il demande que nous cultivions son esprit, que nous formions son cœur à la vertu, que nous y gravions les principes de la religion et de la piété. Quel emploi ! Est-il des fonctions plus nobles et plus excellentes ? »

Mais ces fonctions si nobles, ne sont-elles pas aussi les plus méritoires ? Qu'y a-t-il, en effet, de plus méritoire que ce dévouement de tous les jours, qui se dépense à l'instruction et à l'éducation de la jeunesse ? Enchaîner son existence, se consumer dans l'accomplissement d'une tâche monotone et parfois ingrate, rencontrer souvent l'injustice et l'indifférence, se heurter sans cesse aux natures les plus réfractaires, aux caractères les plus divers et quelquefois les plus opposés, fixer la légèreté des uns, aiguillonner la paresse des autres, comprimer dans ceux-ci les instincts naissants d'indiscipline, s'ouvrir, à force de patience, une issue dans les intelligences fermées de ceux-là ; faire cela tous les jours, pendant quarante, cinquante années de sa vie, dans l'enceinte étroite d'une école, loin des grands théâtres du monde, voilà l'œuvre excellemment méritoire de l'instituteur de la jeunesse !

On conçoit facilement que l'accomplissement d'une tâche aussi ardue réclame, de la part de ceux qui en sont chargés, le dévouement le plus désintéressé. L'instituteur se découragerait souvent et faillirait à son devoir, s'il ne puisait sa force ailleurs que dans la perspective d'un intérêt immédiat et purement temporel. Pour se maintenir à la hauteur de sa vocation, il faut qu'un sentiment profond de l'importance de ses fonctions le soutienne et l'anime, que l'austère plaisir de s'être dévoué à l'éducation de la jeunesse et, par conséquent, au bien public, de contempler un jour en pleine floraison de science et de vertus, les jeunes plantes qu'il a cultivées, devienne le digne salaire que lui donne sa conscience. C'est sa gloire de ne prétendre à rien au delà de cette obscure et laborieuse mission, de s'épuiser en sacrifices à peine comptés de ceux qui en profitent, de travailler, enfin, pour ses semblables et de n'attendre sa pleine et entière récompense que de Dieu.

Auguste Simon ne comprit pas autrement que Rollin la vocation d'instituteur de la jeunesse ; et cette belle et haute théorie qui en relève si singulièrement le caractère moral et religieux, ne resta point pour lui un pur idéal. Dès le début de sa carrière, il en fit la règle de toute sa conduite. Je pourrais en recueillir des preuves nombreuses dans les succès qu'il obtint, dans les témoignages de confiance et d'estime qu'il reçut des parents et des élèves. Son dévouement était aussi généreux que désintéressé et étranger à toute idée de spéculation ou de fausse popularité. Esclave de son devoir, il consacrait tout son temps soit à sa classe, soit à la préparation de ses cours ; il ne donnait rien aux distractions du monde et à ses plaisirs les plus légitimes. Pour se fortifier dans l'accomplissement de sa tâche, il cherchait dans les nobles inspirations de la foi chrétienne un aliment à son zèle et à son dévouement. Comme instituteur, notre ami n'a jamais eu vis-à-vis de ses élèves qu'un procédé,

procédé bien simple, mais très efficace, dans lequel consiste tout le grand art de gouverner les enfants, et même ceux qui ne croient plus l'être : celui de ne jamais manquer à son devoir de maître, et de ne pas permettre que ses élèves manquassent au leur. Or, ses devoirs d'instituteur, Auguste Simon les résumait en trois points, qui résument eux-mêmes toute la tâche de l'éducation bien comprise : instruire, corriger, donner le bon exemple.

Il instruisait, et son enseignement était substantiel, précis, et d'une simplicité lumineuse : doué d'une inépuisable patience, il arrivait à s'emparer des intelligences les plus rebelles et y laissait des impressions fortes et durables. Ses anciens élèves sont unanimes à en parler avec admiration ; ils lui rendent ce témoignage qu'il avait le secret de se rendre maître de l'oreille et du cœur, qu'il captivait l'attention par la variété et la solidité de ses leçons toujours merveilleusement appropriées à l'âge auquel elles s'adressaient. Persuadé que le rôle de l'éducateur de la jeunesse ne se borne pas à l'enseignement des lettres et des sciences, et que l'instruction religieuse est la base fondamentale de toute éducation sérieuse, Auguste Simon s'appliquait à initier ses élèves à la connaissance de la religion et à leur en inspirer l'amour et la pratique. Il se considérait comme associé au ministère du pasteur de la paroisse, et chargé de préparer la voie à l'apostolat du sacerdoce. L'enseignement de la lettre du catéchisme et des prières était l'objet de sa constante sollicitude. Nul autre que lui ne se chargeait d'accompagner ses élèves aux offices de l'Église et de les y surveiller. La prière commençait chaque leçon donnée ; la prière la finissait. Notre ami la disait avec l'onction et le recueillement que lui inspirait la foi vive dont il était animé, et les élèves, édifiés par l'exemple du maître, y répondaient avec respect.

On eût été mal venu à parler de morale civique à un instituteur aussi profondément convaincu, et avec raison, qu'en dehors de la morale évangélique il n'y a pas d'éducation possible.

Et, en effet, que restera-t-il aux déhérités de ce monde si vous leur enlevez l'idée de Dieu et de la sanction religieuse, cette philosophie universelle des peuples ? Que restera-t-il à l'homme, pour réprimer les convoitises qui conspirent incessamment contre sa vie morale, si vous supprimez le témoignage de cette autorité divine dont la conscience est l'écho vivant? Séparée de l'idée de Dieu, la conscience n'est plus qu'un vain mot, un tribunal sans juge et sans sanction. On ne peut donc enlever l'idée de Dieu à l'enfant sans le condamner à s'égarer, à se dépraver, et à devenir bientôt le jouet des plus détestables convoitises. Aussi la conscience des honnêtes gens ne peut que se révolter contre le programme d'éducation populaire, formulé récemment par la municipalité d'une grande ville dans les termes suivants : « Dieu, c'est l'hypothèse et le sacrifice ; nous lui signifions son congé ; et, avant tout, nous le bannirons de l'école, car c'est de l'école que doit sortir l'émancipation et la délivrance. La génération nouvelle ne doit connaître ni Dieu, qui est le tyran, ni le prêtre, qui est l'agent de la servitude. » Notre ami a assez vécu pour entendre ces déclamations insensées, et il en était d'autant plus profondément attristé, qu'il savait que l'heure de la ruine ne tarderait pas à sonner pour une société qui bannirait Dieu de l'école et de sa vie publique.

Des philosophes, d'une plus haute valeur que ces coryphées de l'athéisme, en jugeaient bien autrement qu'eux : « La religion, disait Bacon, est l'aromate nécessaire qui empêche la science de se corrompre. » Et Bossuet ne disait-il pas, à propos d'éducation : « Il n'y a rien de meilleur que ce qui est éprouvé. » Or, ce qui est éprouvé dans l'art d'élever la jeunesse, ce n'est pas la morale de tel ou tel penseur, c'est la morale divine de l'Évangile, la morale de Celui qui a dit : « Laissez venir à moi les petits enfants. » Celle-là a son martyrologe, ses fastes héroïques, et depuis dix-huit siècles, quand on veut suivre sur la carte du globe la marche du progrès et de la civilisation, il suffit d'y suivre la marche des apôtres de la morale de Jésus-Christ. Partout où ceux-ci ont planté la croix, on a vu la barbarie disparaître, et partout aussi où cette croix, signe de la rédemption du monde, a été abattue, on a vu la barbarie revenir avec le cortège de ses mœurs innomées et de ses despotismes. La libre pensée a, elle aussi, son martyrologe, martyrologe honteux et tristement éloquent, dont les sinistres héros peuplent les cours d'assises et les bagnes. C'est l'aveu de Voltaire qui prétendait qu'*élever un peuple sans religion, c'est l'élever pour les bagnes et les échafauds...* Et comment pourrait-il en être autrement? L'école sans Dieu, c'est l'école décapitée du principe d'autorité; par conséquent, c'est l'école sans maître et, bientôt, ce sera la société sans chef : c'est tout simplement l'anarchie formulée en principe et au grand jour dans cette devise déjà très applaudie par les tenants de la libre-pensée : *Ni Dieu ni Maître !*

La discipline morale qui règle la conduite était également l'objet de la sollicitude d'Auguste Simon. Il ne suffit pas d'instruire, il faut corriger. L'arbre que l'on plante attend chaque jour les soins attentifs de la main qui est chargée de le redresser : ses rameaux ont besoin d'être émondés; le champ que l'on cultive doit être déchiré par le soc de la charrue, si l'on veut le rendre fertile. Il en est de même de l'enfant, il a besoin, lui aussi, d'être soumis à une discipline sérieuse qui doit se proposer pour but de redresser ses penchants, de façonner son âme à l'amour du bien et à la haine du mal, de régler et de diriger ses passions naissantes. Tâche délicate et difficile aujourd'hui plus que jamais, par suite de la mollesse des mœurs domestiques. Combien de pères et de mères qui ne savent plus voir les défauts de leurs enfants, ou qui, lorsqu'ils les voient, ne savent pas vouloir les corriger, esclaves qu'ils sont de cette fausse, de cette aveugle, de cette coupable tendresse qui ne consent pas à blesser pour guérir, qui cède à tous les caprices de l'enfant sous prétexte de ne pas l'affliger! Cet enfant qui se voit une idole pour ses parents, comment n'en serait-il pas une à ses propres yeux? et quand il s'aperçoit qu'il a toujours raison des résistances de ceux-ci, comment ne deviendrait-il pas exigeant, capricieux et tyrannique? Comment surtout consentirait-il à subir l'autorité d'un maître, lorsqu'il peut si facilement s'affranchir de l'autorité de la famille?

Faiblesse funeste dont le résultat le plus ordinaire est de faire d'un enfant ce que, dans le langage vulgaire, on appelle un *enfant gâté*. Hélas ! oui, ce stigmate sévère imprimé à cette fausse éducation par le bon sens de notre langue, est bien l'expression exacte d'une effrayante vérité. Oui, cet enfant sera gâté, parce que l'éducation domestique aura négligé de réprimer dans leurs premiers élans, ces penchants funestes qui ne tarderont pas à pervertir son esprit et à dépraver son cœur.

Il y a, sans doute, des qualités charmantes dans l'enfant, mais il y a aussi le germe de tous les défauts. Quel amour de l'indépendance ! quelle horreur de toute discipline ! quelle légèreté que rien ne fixe et que rien n'arrête, sauf l'idée des amusements et des plaisirs ! Et puis, que de nuances délicates à étudier ! Ici, il s'agit de vaincre une timidité que rien ne rassure ; là, une assurance présomptueuse que rien n'effraie ; tantôt il faut aiguillonner une paresse que rien ne réveille ; tantôt, au contraire, il faut réprimer une vivacité impatiente de tout frein. Il s'agit de donner du cœur aux indifférents et l'énergie aux natures molles et trop sensibles, de combattre sans trêve et sans pitié le mal sous quelque forme qu'il se présente, d'écarter des yeux et des oreilles de l'enfant tout spectacle, toute lecture, toute conversation qui serait de nature à fausser, à pervertir son esprit, et à dépraver son cœur. Tâche délicate et difficile, je le répète, qui réclame les efforts simultanés de la famille et des maîtres !

Ainsi l'entendait notre excellent maître et c'est pour cela qu'il pratiquait la correction. Il ne croyait pas que tout fût fait auprès de ses élèves quand il avait obtenu d'eux la discipline extérieure. Il considérait, sans doute, celle-ci comme indispensable à l'éducation publique, indispensable aux maîtres dont elle facilite l'action, indispensable également aux élèves qu'elle habitue à l'ordre, à l'obéissance, à la ponctualité ; mais il la jugeait insuffisante, parce qu'elle n'est par elle-même qu'un mécanisme qui demeure à l'état d'automate. Comment pourrait-elle atteindre l'âme de l'enfant, lorsqu'elle n'exige de celui-ci qu'une contrainte purement corporelle ?

La véritable discipline est celle qui s'occupe surtout de corriger les vices, de développer dans l'âme l'amour de la vertu, plus encore que de régler la conduite extérieure, qui s'inquiète de ce qui embellit ou de ce qui souille le cœur devant Dieu plus encore que de ce qui honore ou de ce qui compromet devant les hommes ; c'est celle qui habitue un enfant à craindre le vice quel qu'il soit, beaucoup plus pour ce qu'il a d'odieux en lui-même, que pour les châtiments disciplinaires que pourraient lui attirer certains de ses actes, celle, enfin, où l'ordre extérieur et matériel dans toute sa perfection, n'est que le produit et le reflet de l'ordre intérieur qui règne dans l'âme par la soumission au moins habituelle et générale de la volonté à la loi du devoir, c'est-à-dire à la loi de Dieu.

Or, une telle discipline comporte les réprimandes et la correction des fautes commises ou des inclinations mal réglées. Il faut donc que l'instituteur non-seulement enseigne, mais sache corriger, et il importe surtout qu'il sache corriger à propos. Notre ami nous a laissé dans ses cahiers des observations et des conseils qui sont marqués au coin de la sagesse et de l'expérience. Il regardait comme un point d'une extrême importance que la correction offrît d'abord les caractères de la justice ; que la peine fût en rapport avec la nature et la gravité du délit, qu'elle fût surtout opportune et qu'elle eût pour but, non précisément l'humiliation du coupable, mais son amendement ; que l'instituteur ne laissât pas tomber ses coups au hasard, dans la crainte qu'ils n'atteignissent aussi des innocents, et, enfin, qu'il se gardât surtout, dans ses réprimandes, de se laisser dominer par la passion. La raison en est, disait notre ami, que les enfants ont le sentiment inné de la justice plus vif et plus profond qu'on ne le suppose communément. Tandis que ce sentiment ratifie la sentence qui prononce un châtiment mérité, il se révolte, il proteste contre tout châtiment qui est inspiré par la passion ou qui dépasse la faute. Il savait corriger avec prudence parce qu'il était convaincu qu'un châtiment mérité, infligé à contre-temps, est au moins inefficace et peut devenir funeste.

Il jugeait de l'opportunité du châtiment sur la nature de la faute et sur les dispositions du délinquant, et il savait quelquefois attendre avec patience le moment favorable à la réprimande, dans la crainte que le remède ne fût pire que le mal ; car, tandis que l'effervescence de l'âme dure encore, celle-ci perd l'intelligence de sa faute et se révolte contre la sentence qui prononce le châtiment. Il corrigeait sans aigreur et sans colère, parce qu'il était maître de sa parole et de ses mouvements ; et le ton de ses réprimandes même les plus sévères et les plus justifiées, trahissait toujours l'affection d'un maître qui cherche moins à humilier son élève, qu'à obtenir son amendement. L'expérience lui avait appris que les éclats d'une voix emportée par la colère, un ton vif et cassant sont d'un faible secours pour comprimer les élans impétueux de la passion ou pour réveiller l'ardeur d'une nature paresseuse. Les caractères énergiques s'en irritent ou prennent le parti d'en rire ; les caractères timides s'en effraient et deviennent pusillanimes. De là, souvent, la déconsidération qui s'attache à certains maîtres qui, sous prétexte de zèle, se préoccupent avant tout de frapper fort, sans trop s'inquiéter s'ils frappent juste, et qui, ne sachant pas approprier leurs réprimandes aux caractères et aux dispositions des élèves auxquels ils s'adressent, aggravent le mal au lieu de le corriger.

Notre ami ne connut pas ces excès ; son autorité était juste dans ses prescriptions, modérée dans son langage, bienveillante et paternelle dans ses rapports avec ses élèves, et quand il punissait, il laissait entrevoir qu'il n'obéissait ni à la passion, ni au caprice, mais à sa raison et à sa conscience. Lorsqu'il jugeait que certaines réprimandes données publiquement étaient de nature à irriter le coupable, il les lui adressait en secret, il multipliait les avis personnels qui, communiqués dans l'intimité, pénétraient l'âme sans l'humilier. Il savait distinguer dans sa classe ceux qui avaient besoin d'être relevés ou encouragés par une bonne parole, et plus d'un élève trouvait dans les témoignages de sa bienveillance la force nécessaire pour se corriger de ses défauts et se rendre tout à fait digne d'une affection dont il était fier. Cet excellent maître était convaincu que l'art si difficile de gouverner la jeunesse, consiste surtout à lui prouver qu'on l'aime, à l'aimer en réalité et à s'en faire respecter et aimer.

Mais si puissante que soit l'influence combinée de l'enseignement et de la discipline morale dans l'œuvre de l'éducation de l'enfant, cette influence serait insuffisante à former l'homme, si le maître ne confirmait son enseignement par l'autorité de ses exemples. Qui ne sait, en effet, que de tous les apostolats que nous pouvons exercer, soit pour le bien, soit pour le mal, il n'en est pas de plus efficace, de plus éloquent que celui de l'exemple. La parole peut émouvoir ; il n'appartient qu'à l'exemple d'entraîner la volonté. *Verba movent, exempla trahunt.* Cela est vrai pour tous les âges de la vie, mais surtout pour le premier âge. L'instinct de l'enfant est essentiellement imitateur ; son instinct est de répéter ce qu'il entend dire, de faire ce qu'il voit faire, en sorte que la conduite, soit du père et de la mère, soit du maître qui préside à son éducation, exerce une influence capitale sur la direction de ses pensées et de ses sentiments; elle commande pour ainsi dire à tout son avenir.

Ainsi l'avait compris notre ami : « Nous sommes les miroirs des enfants qui nous sont confiés, nous disait-il souvent ; nous leur devons le bon exemple. » On peut dire qu'il fut constamment pour ses élèves ce miroir, ce modèle de toutes les vertus, soit pendant les classes, soit pendant les récréations, soit dans son enseignement toujours si correct, soit dans le fidèle accomplissement de ses devoirs religieux : la dignité de son maintien, la correction de sa tenue, la chasteté et la convenance de son langage, portées jusqu'au scrupule, le respect de lui-même et de ses élèves accompagnaient toujours en lui et rehaussaient l'autorité du précepte.

II

Les mérites et les succès d'un tel maître ne pouvaient manquer de fixer l'attention de ses supérieurs et de le désigner à leur confiance. Le poste de sous-Directeur de l'École normale de Châlons s'étant trouvé vacant en 1853, Auguste Simon fut appelé à le remplir. Il obéit à ses supérieurs et quitta, non sans regrets, sa chère école et son pays natal, centre et foyer de ses premières affections et de son plus généreux dévouement.

Les douze années qu'il avait passées dans la direction de l'École de la Neuville-au-Pont, étaient pour notre ami une préparation féconde aux fonctions plus élevées qui allaient bientôt marquer sa place au premier rang, dans l'œuvre si délicate de l'éducation des aspirants au titre d'instituteur. Il eut la bonne fortune de rencontrer dans le Directeur de l'École normale, le vénérable M. Raynald, un guide éclairé, un maître éminent qui, par la sagesse de ses conseils et l'autorité de ses exemples, devait achever cette préparation. M. Raynald ne tarda pas à découvrir et à apprécier tout ce qu'il y avait de distingué et de solide dans son nouveau collaborateur. Dès les premiers jours, ces deux hommes également dévoués à leur vocation, se comprirent, s'apprécièrent et s'aimèrent. Une amitié étroite que la mort de M. Raynald devait seule briser plus tard, les unit constamment.

C'est surtout sur ce nouveau théâtre qu'Auguste Simon mit en œuvre ses merveilleuses aptitudes de professeur et sa compétence pédagogique. Il apporta aux élèves de l'École normales de Châlons les lumières d'un dévouement éprouvé, en s'appliquant à former en eux non seulement l'instituteur bien pourvu de la science de sa profession, mais encore l'homme moral et chrétien. Rien ne fut négligé par lui pour atteindre ce double but, c'est-à-dire pour préparer des maîtres capables, dévoués, et comprenant toute l'étendue de leurs devoirs. Et comme il portait dans son âme l'idéal le plus noble et le plus élevé de la vocation d'instituteur, il s'efforçait surtout de graver dans le cœur de ses élèves les principes de la foi et de la morale chrétienne qu'il savait si bien professer et pratiquer. Pendant les vingt années qu'il exerça le professorat à l'École normale de Châlons, notre ami ne cessa de justifier la confiance de l'administration, qui demanda pour lui le titre d'officier d'académie, en récompense de son dévouement. Plus de la moitié des instituteurs du département de la Marne ont été ses élèves, et préparés par lui au ministère de l'enseignement. Il était tellement pénétré de l'importance de sa mission, qu'il s'était, pour ainsi dire, identifié avec elle. Et il fallut que ses amis lui fissent, en quelque sorte, violence, lorsque le mal, plus fort que sa volonté, eut trahi son courage en épuisant ses forces.

Auguste Simon dut, en effet, renoncer à ses fonctions : son activité avait été trop dévorante ; la lame avait usé le fourreau. Ses amis, son médecin le pressèrent de prendre sa retraite. Longtemps il hésita ; ce maître dévoué et infatigable voulait mourir à la peine, car il était de ceux qui ne consentent à se reposer que dans l'Éternité. Enfin, sa santé s'altérant de plus en plus, il fallut se résigner.

III

Auguste Simon quitta l'École normale en 1869, regretté du vénérable Directeur dont il était l'ami et le collaborateur le plus dévoué, de ses élèves qui lui témoignaient une affection filiale, et des nombreux amis qu'il comptait à Châlons. Il se retira dans son pays natal, dans cette maison paternelle qui lui rappelait les meilleurs souvenirs de son enfance et de sa jeunesse. Entouré des soins les plus vigilants et les plus dévoués de sa digne épouse, notre ami allait enfin goûter un repos bien mérité après trente années d'un laborieux professorat. Il retrouvait à la Neuville-au-Pont une population amie, ses anciens élèves de l'école communale et de nombreux parents.

Mais le repos qui lui était si nécessaire ne lui fut pas accordé. Dieu en avait décidé autrement. Les désastres de la guerre de 1870 lui imposèrent de nouveaux devoirs. Les charges de l'invasion allemande pesèrent lourdement sur le département de la Marne, et, en particulier, sur l'arrondissement de Sainte-Menehould. L'arrivée imprévue des bataillons ennemis dans nos campagnes, y avait répandu l'inquiétude et l'effroi. Les populations affolées avaient besoin d'être dirigées ou soutenues par des hommes d'un caractère ferme, calme et résolu. Dans ces circonstances douloureuses, notre ami fut pour la commune de la Neuville-au-Pont, l'homme providentiel. L'invasion prussienne le trouva à la hauteur de la tâche qu'elle imposait à son dévouement. Il s'agissait de répartir dans une juste mesure les réquisitions énormes réclamées par l'ennemi, de pourvoir aux premières nécessités, de faire preuve de sagesse, de fermeté et de prudence pour obtenir d'un vainqueur impitoyable les conditions les moins dures.

Dans cette crise douloureuse comme dans la suite, Auguste Simon se dépensa tout entier à la défense des intérêts de la commune. Les habitants s'adressaient à lui, comme à leur conseiller le plus sage et le plus éclairé. Il était le guide toujours vigilant de ses concitoyens. Son jugement si droit, son esprit pratique, ses connaissances administratives, son désintéressement et sa bienveillance lui avaient concilié tout à la fois la confiance, l'estime et l'affection. Aussi le suffrage populaire l'appela bientôt à remplir les fonctions de maire.

Auguste Simon prit au sérieux la mission que la confiance de ses concitoyens lui imposait, et il en exerça les fonctions importantes et délicates avec intelligence et dévouement. Les réquisitions de l'ennemi avaient obéré les finances de la commune. Par de sages mesures d'économie, il rétablit l'équilibre du budget. Nulle démarche, nulle fatigue ne lui coûtait quand il s'agissait de l'intérêt public. L'impartialité la plus scrupuleuse présidait à son administration dans la répartition des charges et des faveurs. Il ne laissait se produire aucun désordre sans le combattre, aucune réclamation sans l'écouter, et il y faisait droit quand elle était légitime. Les obstacles qu'il rencontrait souvent ne le décourageaient pas, et chaque fois que les intérêts de la commune étaient engagés, il s'employait à les défendre avec plus de zèle et de dévouement qu'il n'en eût témoigné pour ses propres intérêts.

IV

Le chrétien n'était pas moins admirable que l'instituteur et l'administrateur. Au-dessus des qualités d'Auguste Simon, et comme leur explication et leur véritable source, il faut placer la foi chrétienne qui inspirait et réglait sa conduite.

Les croyances de son enfance furent celles de toute sa vie, parce qu'il était de ces hommes à l'intelligence droite et saine, au caractère inébranlable, qui, la vérité une fois connue, ne peuvent plus dévier. Sa foi était ferme parce qu'elle était raisonnée ; ce n'était pas une foi d'imagination, c'était une adhésion réfléchie de l'esprit, motivée sur les témoignages divins qui démontrent la vérité de nos dogmes. Aussi était-il fermement attaché à l'Église catholique par cette chaîne d'or de l'orthodoxie qui règle la raison sans l'asservir, non seulement parce qu'il avait été élevé dans son sein, mais parce qu'il était convaincu qu'elle était la seule gardienne et la seule dépositaire de la vérité religieuse. Il ne pouvait comprendre qu'après dix-huit siècles de civilisation et de miracles de sainteté, il y eût des hommes assez aveugles pour méconnaître les caractères de la divine institution de l'Église. Les événements qui attristèrent ses dernières années et l'odieuse persécution entreprise contre la religion l'avaient profondément attristé. Persuadé que les progrès croissants de l'impiété ne pouvaient que conduire le pays à de nouveaux abaissements, il ne voyait de relèvement et de salut possible pour la patrie que dans le retour sérieux du peuple à la foi chrétienne, seule inspiratrice des vertus viriles qui nous manquent, et seule capable de résoudre le problème social qui est le tourment de ce siècle.

Mais la foi qui animait notre ami n'était point en lui seulement à l'état de conviction spéculative : il en pratiquait les œuvres. C'était un chrétien en esprit et en vérité, chrétien, non à la manière de ces honnêtes gens pour qui la foi n'est guère qu'une belle théorie, sans conséquence sur les mœurs, et la religion un pur cérémonial, une bienséance ou une obligation de bon goût ou de bonne tenue qu'on allie quelquefois avec les habitudes d'une vie mondaine; il était chrétien, non plus à la manière de ceux dont toute la religion consiste dans un certain luxe de pratiques extérieures, et qui n'ont cure de l'amendement de l'âme. Notre ami entendait tout autrement la religion. Il ne se contentait pas d'en accomplir exactement les devoirs extérieurs, il mettait la vie intérieure en harmonie parfaite avec la pratique. Esprit droit et d'une logique pour ainsi dire mathématique, il pratiquait ses croyances ; il imposait à son âme le jeûne des plaisirs et des passions, il se mortifiait dans sa double nature charnelle et spirituelle ; il était chrétien en esprit et en vérité ; il l'était partout, dans ses relations avec le monde, et chez lui comme à l'église ; il l'était toujours et sans réticence, sans ostentation comme sans respect humain.

Une bienveillance naturelle tempérait à propos ce que sa piété semblait offrir d'austère et de rigide. Il n'était tout à fait sévère que pour lui seul. Aussi s'abstenait-il de ces excès de zèle qui manquent toujours leur but, parce qu'ils éloignent au lieu de rapprocher. On admirait en lui cette fermeté de principes qui

s'alliait si heureusement à une indulgence réfléchie et facilement ouverte aux défaillances de ses semblables.

La pratique de la charité sous toutes ses formes était devenue
pour notre ami une habitude, je dirai plus, une passion irrésistible. Auguste Simon semble n'avoir vécu que pour se dévouer à
ses semblables. Les besoins et les souffrances, soit des familles de
la Neuville-au-Pont, soit de ses anciens élèves, ne le trouvèrent
jamais indifférent. Sa maison était ouverte à tous ceux qui réclamaient l'assistance de ses lumières ou de son appui. Il se faisait
gratuitement et avec la meilleure grâce le protecteur et le conseiller de ses concitoyens, le conciliateur des familles divisées.
Sa situation et les nombreuses relations qu'il entretenait avec
l'administration, ainsi que la légitime influence dont il jouissait,
étaient journellement mises à contribution, et il s'exécutait
avec une complaisance inépuisable, se faisant l'intermédiaire de
toutes les suppliques, de toutes les réclamations, le négociateur
désintéressé de tous les différends. La liste des services qu'il
a ainsi rendus, des souffrances qu'il a consolées, des discordes
qu'il a apaisées, des familles qu'il a réconciliées, serait trop
longue à dresser. Il est des services d'un ordre plus délicat et
plus élevé qu'il aimait à rendre aux jeunes candidats à l'enseignement. Que de vocations il a suscitées ! Combien de jeunes gens
recommandés au début de leur carrière, encouragés et soutenus
par ses conseils et par son influence ! combien d'instituteurs qui
lui durent leur admission, et plus tard leur avancement !

Mais cette charité si active ne se bornait pas aux besoins
temporels du prochain : ses visées s'élevaient plus haut, parce
qu'elle était une charité supérieure faite de foi et de dévouement chrétien. Elle s'adressait à l'âme et à ses intérêts
éternels. Notre ami était dans sa paroisse un apôtre et le
meilleur auxiliaire du pasteur. Il savait s'insinuer dans les esprits par l'empire de la douceur, et rappeler à ceux qui l'avaient
le plus oublié, le souvenir de leur enfance chrétienne ; il évoquait souvent ces grandes vérités qui rappellent l'homme à
lui-même en le plaçant en face de ses fins dernières. Il savait
choisir les occasions favorables pour amener les malades sur ce
terrain, où la vérité suprême attend tôt ou tard les esprits faits
pour elle. Sans doute, il n'eut pas le bonheur d'ébranler et de
persuader tous ceux qu'il évangélisa ; mais toujours est-il que

plusieurs lui durent, après Dieu, leur retour, et j'en ai connu dont la mort édifiante fut la conséquence de leur contact fréquent avec ce grand chrétien. La régularité de sa vie, l'onction de sa parole, les pieux artifices d'un zèle qui s'imposait par le charme et la délicatesse des procédés, faisaient taire toutes les haines et désarmaient la critique. Les ennemis de sa foi ne pouvaient se défendre de l'admirer et de l'estimer. Pas une censure, pas une récrimination ne vint jamais assaillir sa piété. On s'inclinait devant ce juste dont la vie irréprochable et les œuvres étaient la démonstration vivante de la divinité de sa foi.

Une modestie singulière rehaussait l'éclat des vertus de notre ami. Cette vertu était comme le fond de son caractère. Personne ne cherchait moins que lui à se faire valoir et à fixer sur sa personne l'attention et l'admiration publique. Il était fidèle à cette maxime du sage : *Le bien ne fait pas de bruit et le bruit ne fait pas de bien.*

Ce n'était pas seulement la modestie qui dominait sa conduite, c'était cette autre vertu dont l'antiquité profane ne connut ni le nom ni l'idée, c'était l'humilité chrétienne. Il était véritablement humble de cette humilité qui est fondée sur la connaissance de soi-même et qui n'exclut pas la noble et légitime fierté qu'inspire au chrétien la noblesse de son baptême. Il ne témoignait aucun mépris pour ceux dont la vie n'était point aussi correcte que la sienne : il les estimait, il les aimait et cherchait en eux ce qui pouvait les rapprocher de lui. On ne le vit jamais se prévaloir de ses mérites et des distinctions dont il fut honoré, et on admirait d'autant plus sa modestie qu'il occupait le premier rang parmi ses concitoyens.

Auguste Simon se tint toujours en dehors des discussions politiques et de la guerre des partis. Il voyait le salut de la France dans un gouvernement fait d'autorité et de liberté, non de cette liberté menteuse qui confisque les droits de la vérité et de la conscience au profit de l'erreur et du libertinage, mais de cette liberté qui respecte les droits de la conscience, de la famille et de la religion. Il croyait que le gouvernement capable de relever notre pays, ne pouvait être que celui qui aurait le droit pour base, l'honnêteté pour moyen et la grandeur morale pour but.

L'amour du travail fut sa passion constante, même lorsque l'état de sa santé lui conseilla le repos. Jamais on ne le voyait inoccupé, et il s'était imposé un règlement qui déterminait le nombre d'heures consacrées chaque jour à l'étude et à ses devoirs de piété. Qu'a-t-il fait pendant ces dix années de retraite de 1870 à 1880 ? Il a travaillé comme il avait travaillé pendant les trente années de son professorat. Ces dix années de retraite et de souffrances physiques presque continues furent consacrées, soit à l'administration de la commune où il remplissait les fonctions de maire, soit à celles de délégué cantonal pour l'instruction primaire ; elles furent consacrées surtout aux bonnes œuvres qu'il s'imposait et au service de tous ceux qui réclamaient ses conseils et son appui. On dit d'un prodigue *qu'il brûle la chandelle par les deux bouts :* qu'on me pardonne cette formule triviale ! je ne trouve pas d'expression plus forte pour rendre cette activité incessante et cette fièvre continue de travail qui a abrégé la vie de notre ami.

Je n'ai rien dit de ses vertus domestiques. Tous ceux qui l'ont connu savent qu'il fut constamment le modèle des époux, comme celle à qui il avait donné sa foi et son cœur était le modèle des épouses. Jamais le moindre nuage n'obscurcit le ciel pur de ce foyer si chrétien. Il y avait d'ailleurs entre les deux époux la plus cordiale entente, la plus grande similitude de goûts et la plus étroite communauté de foi, d'espérance et de charité. Mieux que personne, celle qui partagea les joies et les épreuves de la vie intime comme celles de la vie publique d'Auguste Simon pendant près de quarante ans, a pu apprécier ses vertus domestiques et l'exquise sensibilité de ce cœur resté jeune jusqu'à la mort, parce que le mal n'en avait jamais défloré les saintes et délicates tendresses. Jamais époux n'avaient plus parfaitement réalisé l'idéal chrétien de l'alliance conjugale. C'était bien le mariage de deux âmes associées aux mêmes dévouements, aux mêmes joies, aux mêmes épreuves, vivant de la même vie et poursuivant le même but. Tous ceux qui ont été admis dans l'intimité de leur foyer, se sentaient pénétrés d'admiration et de respect pour ces deux époux qui étaient animés au même degré de la noble passion du bien.

V

La plupart de ceux qui ont connu Auguste Simon, trompés par son abord réservé, ont pu croire que cet homme avait beaucoup vécu par la tête et peu par le cœur. C'est une grande erreur. Dans ce corps de marbre habitait une âme très tendre, un cœur d'une excessive sensibilité et ouvert à toutes les affections nobles et désintéressées. Il n'est pas rare de rencontrer des âmes en qui la sensibilité se cache au fond du vase et semble craindre de se produire au grand jour ; âmes dévorées par le feu intérieur, mais soucieuses de n'en rien laisser paraître ; contenues par une sorte de pudeur dans l'épanchement de leur tendresse, et aussi timides en public qu'expansives dans l'intimité, d'autant plus généreuses du don d'elles-mêmes qu'elles s'ouvrent à un petit nombre. Auguste Simon était de ces âmes. Autant sa charité et sa bienveillance étaient au service de tous, autant le cercle de ses affections intimes était restreint. Peu d'hommes ont su comment et combien il aimait de cette affection de choix qui unit les âmes par le lien de l'amitié chrétienne. La raison en est que de toutes les affections qui entourèrent sa vie, bien peu y entrèrent et en connurent le fond. Mais si fort que fût le charme de l'amitié, il ne pouvait rien contre le devoir, et il n'ébranlait jamais en lui la rectitude du jugement et l'inflexibilité de la volonté. Rarement ces deux qualités d'un cœur tendre dans une ferme raison furent mieux équilibrées : il était l'image de la Providence en qui la force est mariée à la douceur, *fortiter sed suaviter*. Il connaissait les droits et les devoirs de l'amitié autant que personne ; il prodiguait à ses amis la meilleure part de ses loisirs mais jamais au préjudice du devoir. L'amitié avait ses heures, ses jours, ses agapes fraternelles ; mais elle avait aussi ses limites ; ses droits étaient mesurés comme tout le reste ; elle n'allait point au delà. Notre ami n'a jamais consenti à plier sa règle ou son temps au gré de ses inclinations ; il se refusait tout plaisir du cœur dont le devoir eût souffert, et il exigeait de ses

amis les plus intimes le même sacrifice. Quant à son dévouement pour eux, aucune démarche ne lui coûtait quand il s'agissait de les obliger. Qui le sait mieux que moi qui ai mis son
amitié si souvent à contribution !

Mais ce qui témoigne encore davantage de l'exquise sensibilité de notre ami, c'est le souvenir d'affection et de reconnaissance qu'il conservait à sa famille et aux maîtres qui avaient
présidé à son éducation. Il avait au plus haut degré la religion
des souvenirs.

Il est dans la vie de chacun de nous une époque où nous
aimons à nous reporter comme pour en faire revivre les images
qui ont impressionné et charmé notre adolescence. C'est là surtout que nous nous plaisons à revivre en imagination, là que
nous ramenons sans cesse notre sensibilité, là qu'au milieu
même des défaillances de l'âge nous évoquons encore dans leur
beauté première toutes ces images qui nous ont charmés. Cette
époque qui s'impose à nous par la magie de ses souvenirs, n'est-
elle pas celle où nous avons goûté les joies ineffables du foyer
domestique et de cet autre foyer qui est encore celui de la
famille, c'est-à-dire l'école qui a complété l'œuvre de la
première éducation ?

La famille ! quels doux échos éveille dans les cœurs bien
faits ce seul mot ! La famille ! c'est-à-dire un père et une mère,
des frères, des sœurs, c'est-à-dire encore les affections les plus
chères et les plus fortes, les plus nobles et les plus pures, les
premières et les dernières de la vie ! Auguste Simon aimait à
évoquer ces chers souvenirs dans les causeries intimes de l'amitié.
Avec quelle effusion de cœur nous ressuscitions ensemble nos
années de l'enfance et de la jeunesse, et avec quelle joie nous
revoyions, après les dix longs mois de l'année scolaire, la
maison paternelle et le modeste village où nous avions respiré
avec la lumière du jour l'amour de toutes les saintes choses !
Nous aimions la famille comme l'aiment tous ceux qui ont
eu leur berceau au village; et parce que nous l'aimions, nous
confondions dans un même amour tout ce qui nous la rappelait. Nous aimions le sol natal, car c'est la terre des ancêtres, le sol foulé par nos premiers pas. Si cet air du pays
nous paraissait plus fortifiant, c'est que là nous avions senti,
comme une fleur à son premier matin, les souffles les plus

purs. Si cet héritage, si modeste fût-il, avait pour nous tant
de prix, c'est qu'il nous rappelait les travaux et les sueurs
de nos parents, et que partout nous y retrouvions des traces
d'eux-mêmes ; et si la maison paternelle elle-même nous offrait
tant de charmes, si nous la préférions aux riches palais, c'est
qu'elle nous avait vus naître et grandir ; si notre cœur y revenait
toujours avec un attrait fortifié par la distance qui nous en sé-
parait, c'est que là, entourés d'affections, nous avions connu les
tendresses et les dévouements d'un père et d'une mère que nous
n'y retrouvions plus. Si nous éprouvions une émotion irrésistible
en revoyant le modeste clocher de l'église de notre village, c'est
que cette église était l'auguste sanctuaire où notre âme d'enfant avait pris son premier essor vers Dieu dans les élans
de la prière ; et si le cimetière qui l'entoure nous inspirait
plus que tout autre un religieux respect, c'est que là était
renfermée la dépouille mortelle des parents aimés dont la
mort avait laissé un vide si profond dans nos cœurs.

Nous avions beau vieillir, ces souvenirs conservaient leur
magie; nous y revenions avec un cœur toujours jeune, et un
penchant pour ainsi dire irrésistible nous poussait à reporter nos
regards en arrière sur cette voie parcourue et toute parfumée
encore des fleurs de notre printemps. Que l'égoïsme du siècle
qui concentre toutes ses affections dans l'individu, que le posi-
tivisme pour qui tout est indifférent, sauf les affaires et les
plaisirs, dédaignent cette sainte religion des souvenirs, cela se
comprend; mais pour nous qui n'estimons rien de plus cher
après Dieu que la famille, rien de plus grand après le culte
divin que celui de la piété filiale, nous nous obstinons à croire
que ce culte s'impose à tous les esprits droits et à tous les
cœurs bien faits.

Notre ami aimait aussi à rappeler nos souvenirs du séminaire.
Ces souvenirs lui étaient restés si chers et si sacrés qu'il s'était
astreint à observer dans le monde, autant que le permettaient
ses occupations, le règlement de cette sainte maison. Avec
quel respect, avec quelle religieuse vénération il évoquait les
noms de nos anciens maîtres : MM. Michel, Voisembert,
Viard, Descôtes, Oudin, etc., qui furent pour nous des modèles
vivants de la dignité et de la régularité sacerdotales. Il n'avait
rien oublié des leçons de science ou de vertu qu'il avait reçues

de ces maîtres vénérés. A quarante ans de distance, ces belles et pures étoiles qui brillèrent dans le ciel de notre adolescence avaient conservé leur doux éclat. Telles nous les avions vues et admirées au séminaire, telles nous les revoyions et nous les admirions dans notre âge mûr, tant avaient été puissantes et salutaires l'action et l'influence exercées par ces dignes maîtres sur nos âmes encore tendres d'impressions.

Je me reprocherais de ne pas joindre à ces noms vénérés, un nom plus vénéré encore par notre ami, nom qui rappelait à Auguste Simon le premier guide spirituel de son enfance et de sa jeunesse. Les habitants de La Neuville-au-Pont ont deviné ce nom ; ils ont nommé le vénérable abbé Tostin, leur ancien curé, qui pendant vingt ans a dépensé au milieu d'eux les trésors de sa charité et de son zèle si actif et si dévoué. Ils n'ont pas oublié, ils n'oublieront jamais qu'ils doivent à sa généreuse initiative la restauration de l'antique pèlerinage de Côte-à-Vignes si populaire dans le pays. Auguste Simon conserva pendant toute sa vie la plus affectueuse reconnaissance pour celui qui avait été le premier directeur de sa conscience. Ni l'éloignement ni le temps ne purent affaiblir les sentiments d'affectueuse vénération qu'il lui conservait. J'oserai ajouter que c'est l'une des plus grandes consolations de ma vie d'avoir été honoré de l'intimité de ce prêtre selon le cœur de Dieu, dont l'inébranlable fermeté dans la foi n'était égalée que par l'inépuisable générosité d'un cœur qui était, tout à la fois, fort comme le diamant et plus tendre qu'une mère.

Je m'abstiens de prolonger ce discret hommage adressé à ce cher et vénéré vétéran du clergé de l'Église de Châlons. Qu'il pardonne à mon amitié, à ma filiale vénération d'inquiéter sa modestie par la publicité d'un témoignage de reconnaissance qu'il n'a ni recherché ni prévu, et qui n'arrivera point jusqu'à lui, je le crains, avec toute la chaleur dont mon cœur voudrait l'animer !

Auguste Simon a laissé des cahiers manuscrits où sa personne se réfléchit dans toute l'austère et sereine beauté de sa vie. C'est là qu'il faut le chercher et l'étudier, qu'il faut suivre cette lumière égale et douce qui veillait en lui et qui rayonne à chaque page. Là, j'ai lu le récit jour par jour de ses œuvres, de ses travaux et de ses souffrances. Là, il a consigné les réflexions et les pensées qui lui étaient suggérées par ses lectures quotidiennes ; là, j'ai trouvé une analyse substantielle de toutes les instructions religieuses de la messe paroissiale et des autres offices de l'Église, auxquels il assistait si régulièrement. Que MM. les Curés qui se sont succédé dans la paroisse de la Neuville-au-Pont me permettent de leur apprendre, s'ils ne le savent déjà, que leurs instructions de chaque dimanche ont été admirablement résumées par leur fidèle paroissien. Leur modestie me pardonnera, je l'espère, d'ajouter que les résumés consignés sur ces cahiers prouvent que la régularité de la prédication et l'éloquence vraiment évangélique sont traditionnelles dans la paroisse de La Neuville-au-Pont.

VII

Ainsi s'écoulait cette vie si pure et si pleine de bonnes œuvres, pour la gloire de Dieu et le service du prochain. Il était permis d'espérer que notre ami fournirait une longue carrière dans cette chère retraite que la société et les soins de sa pieuse et dévouée compagne, l'affection de ses concitoyens et les œuvres de charité auxquelles il s'adonnait, lui rendaient si agréable. Hélas ! nos espérances devaient être déçues. La santé d'Auguste Simon était depuis longtemps minée par un mal intérieur. Le professorat l'avait tué, et l'on s'étonnait même qu'il pût, malgré la débilité de son tempérament, mener une vie aussi active et aussi laborieuse dans sa retraite de la Neuville-au-Pont. Le journal de sa vie nous offre les détails les plus intimes sur ses souffrances physiques de chaque jour et sur la sévérité du régime qu'il s'imposait pour combattre le mal. Autant et aussi longtemps qu'il l'a pu, il a su dissimuler ses souffrances qu'il supportait avec une admirable résignation. Mais sa faiblesse toujours croissante devait aboutir à un dénouement fatal.

Au mois de février 1880, Auguste Simon se sentit gravement atteint et dut garder le lit. Le corps était exténué et la séve de la vie physique était épuisée. Il accepta cette dernière épreuve sans plainte et sans murmure, avec le calme du juste qui, sûr de sa route et de son Maître, voit la mort sans peur parce que la vie a été sans reproche. Ce calme demeura jusqu'au bout le trait distinctif de son visage et de son langage. Il n'était interrompu que par les effusions de sa piété et par les épanchements de son affection pour les siens et pour ses amis. Il reçut plusieurs fois la sainte communion pendant sa maladie, et aussitôt qu'il s'aperçut que le mal s'aggravait, il demanda le sacrement des mourants qu'il reçut avec les sentiments les plus touchants de foi et de piété. Dès ce moment, il tourna toute sa pensée vers l'Éternité. Il ne la ramenait du ciel que pour entretenir sa famille et ceux de ses amis qui ont eu la consolation de l'assister. Il leur adressa les recommandations les plus touchantes sur les pratiques de la vie chrétienne. Il avait pour chacun une parole affectueuse, une recommandation spéciale : pour les uns des encouragements, pour d'autres dont l'indifférence le contristait, de tendres et pressantes exhortations. La chambre de notre cher malade était devenue comme un temple, et le lit sur lequel il reposait comme une chaire d'où cette voix d'apôtre épanchait sur les assistants les ardentes effusions de sa piété. Ce juste mourant, si résigné, si calme dans les étreintes de la souffrance, si oublieux de lui-même, était un sujet d'édification pour tous ceux qui l'approchaient. Il semblait que sa parole empruntait aux clartés sévères de la mort et au voisinage de l'Éternité un caractère d'incomparable éloquence qui remuait profondément l'âme des assistants. Quelques heures avant la crise suprême, il exprima à son épouse si cruellement éprouvée en ce moment, un désir qui le caractérise bien encore : « Ma femme, lui dit-il, je désire qu'à mon enterrement il y ait beaucoup de prêtres et beaucoup de pauvres : beaucoup de prêtres, afin qu'ils prient pour moi ; beaucoup de pauvres afin qu'ils m'obtiennent miséricorde devant Dieu. » Son vœu a été largement exaucé, car ni le cortège des prêtres, ni celui des pauvres ne lui manqua. Jusqu'à la dernière heure, les facultés de l'esprit et de la volonté restèrent pleines et entières. Enfin, le dimanche 27 mars, dans une crise qui fut la dernière, Jean-Auguste-Théodore Simon ferma les yeux à la lumière du temps pour les ouvrir à celle de l'Éternité. Il avait vu celle du temps pendant cinquante-huit ans.

La nouvelle de cette mort émut douloureusement la population de la Neuville-au-Pont, ainsi que les nombreux amis du défunt et ses anciens élèves dispersés dans le département de la Marne. Il y eut comme un pieux pèlerinage des habitants de la commune à la chambre mortuaire du vénéré défunt. On voulait voir encore une fois celui dont l'absence allait laisser un si grand vide. Son visage, à peine altéré par la mort, offrait l'apparence d'une douce sérénité. On eût dit qu'il était seulement endormi d'un sommeil tranquille. Et devant sa dépouille mortelle, parents, amis, concitoyens, pleuraient et priaient. Chacun avait un éloge à la bouche et des regrets dans le cœur. Tous se répétaient entre eux les traits de sa bienveillance et de sa charité, les leçons et les bons exemples qu'ils avaient recueillis de son passage en ce monde.

Le mardi 29 mars le glas des cloches annonçait la solennité des funérailles. Le cercueil du vénéré défunt était entouré de tous ceux qu'il avait le plus aimés, des membres de sa famille, de ses amis et de toute la population. Les autorités locales, MM. les maires et les curés des environs, la délégation cantonale de Sainte-Menehould, l'inspecteur des écoles primaires et un grand nombre d'instituteurs de l'arrondissement étaient venus se joindre à la famille pour rendre un dernier témoignage de sympathie à celui qui avait été leur ami, leur conseiller, leur guide et leur maître.

Il semblait que le deuil d'une famille était devenu l'objet d'une sympathie générale ; et cette sympathie était affirmée non seulement par l'affluence des assistants, mais encore et surtout par la tristesse profonde, par le recueillement solennel que l'on remarquait pendant le service divin. La curiosité publique qui recherche si souvent les grands spectacles semblait avoir disparu dans une douleur commune. Sur la tombe du défunt, M. Gandon, inspecteur général de l'Instruction publique, en retraite à Sainte-Menehould, adressa à celui qui fut son ami fidèle, un dernier adieu dont je suis heureux de pouvoir reproduire l'expression :

« Un jour de tristesse et de deuil s'est levé pour la Neuville-
« au-Pont. M. Simon n'est plus, et nous, ses parents, ses col-
« lègues ou ses amis, nous pleurons aujourd'hui sur la tombe

« de celui que nous révérions comme la personnification,
« l'exemple vivant de toutes les vertus chrétiennes.

« Avant de nous séparer de ce cercueil, permettez-moi, per-
« mettez à un vieil ami, à un ancien condisciple de celui dont
« nous pleurons la perte, de résumer en quelques mots une vie
« toute de charité, d'abnégation et de dévouement à la chose
« publique.

« Jean-Auguste-Théodore Simon était né à la Neuville-au-
« Pont en 1822. C'était le fils de l'un des instituteurs les plus
« honorables et les plus distingués de l'arrondissement de
« Sainte-Menehould, un de ceux dont on a conservé ici même
« le souvenir le plus vénéré. Comme le père, le fils s'était senti
« poussé par une puissance irrésistible vers la noble, mais
« difficile et pénible carrière de l'instruction publique.

« Nommé directeur de l'école même de son pays natal, il
« forma pendant douze ans à la science et à la vertu cette
« population intelligente et laborieuse qui vient aujourd'hui
« lui rendre un dernier témoignage de reconnaissance et
« d'attachement.

« A trente ans, il était professeur à l'École normale de
« Châlons-sur-Marne et pendant vingt années, c'est-à-dire
« jusqu'au moment de sa retraite, il a consacré toute son intel-
« ligence, toutes ses forces à élever et à former les éducateurs
« des enfants du peuple. Aujourd'hui encore, plus de la moitié
« des instituteurs du département ont été préparés par ses
« soins au noble ministère de l'enseignement. Il était tellement
« pénétré de l'importance de sa mission, qu'identifié avec elle,
« il ne s'en est éloigné que lorsque le mal, plus fort que sa
« volonté, a trahi son courage. Mais tant qu'il resta en fonc-
« tions, il ne négligea rien pour préparer des maîtres capables,
« dévoués, comprenant toute l'étendue de leurs devoirs ; il
« s'efforçait surtout de graver dans leurs cœurs les principes
« éternels de religion et de morale chrétienne qu'il savait si
« bien professer et pratiquer. Aussi, après avoir quitté les
« bancs de l'École normale et devenus instituteurs, ses anciens
« élèves conservaient-ils avec lui les relations les plus affec-
« tueuses et lui demandaient-ils les conseils et les directions
« dont ils avaient besoin dans l'exercice de leurs fonctions.
« C'est ainsi que M. Simon, descendu de sa chaire de profes-

« seur, continuait encore à prendre une large part à l'édu-
« cation des enfants de la Marne.

« De retour dans son pays natal et nommé officier d'académie,
« au lieu de jouir en repos d'une retraite qu'il avait si bien
« méritée, il se livra tout entier aux œuvres de charité et em-
« ploya son temps à se rendre utile à son pays. Il n'est donc
« pas étonnant que ses concitoyens reconnaissants l'aient nommé
« conseiller municipal, puis maire de leur commune. Ces nou-
« velles fonctions ne firent d'ailleurs qu'étendre le cercle de ses
« bienfaits. Qui d'entre vous, habitants de la Neuville-au-Pont,
« n'a pas eu à lui réclamer un service ? qui n'a pas eu recours
« à ses lumières, à son influence bienfaisante pour obtenir
« justice ou protection ? Vous le savez : il se faisait tout à tous,
« et rien ne l'arrêtait quand il s'agissait du bien de ses
« administrés.

« Son expérience et ses services comme professeur le dési-
« gnaient naturellement pour les fonctions de délégué cantonal
« chargé de la surveillance des écoles. Le conseil départemental
« de l'instruction publique fut heureux de lui confier cette
« mission ; il devint secrétaire et l'un des membres les plus
« actifs de la délégation de Sainte-Menehould. La connaissance
« approfondie qu'il avait des méthodes lui permit d'améliorer
« l'enseignement donné dans les écoles de sa circonscription ; il
« les visitait souvent et en protégeait les maîtres, qui le regar-
« daient comme un ami et un père.

« Tout le bien que fit M. Simon, je ne le retracerai point ici.
« Ce concours exceptionnel des membres du clergé, des admi-
« nistrateurs de la commune, de ses amis accourus pour rendre
« un dernier hommage à sa mémoire, la douleur de cette foule,
« en disent plus que ne le pourraient mes paroles. Il nous a
« légué un trésor précieux, c'est l'exemple de ses vertus
« austères, de son patriotisme et de sa foi chrétienne. Il en a
« reçu maintenant la récompense dans cet autre monde où il
« avait placé ses plus chères comme ses plus solides espérances.

« Adieu, Simon ; adieu, mon cher camarade ; ou plutôt, au
« revoir dans une autre patrie, où, réunis, les amis ne se quittent
« plus jamais. »

Ce langage si chrétien et si touchant était bien l'expression des sentiments de tous, et il était pleinement confirmé par le douloureux recueillement de cette nombreuse assistance où tous les cœurs pleuraient et priaient.

Et ce que cet hommage public disait encore, nous ne saurions le taire, sous peine de n'être point l'écho de tout ce qui a été partout ressenti et exprimé, non seulement par la voix de M. Gandon, mais encore par les nombreuses lettres de condoléance adressées à Mᵐᵉ veuve Simon. Tous ceux qui connaissaient notre vénéré défunt étaient dominés par la conviction qu'une si belle âme était entrée dans la joie de son souverain Maître. Ils ne prétendaient pas, sans doute, pénétrer les secrets de Dieu, mais en même temps qu'ils priaient pour leur ami, un sentiment intime leur disait qu'il était déjà au-dessus de la région des prières, que c'était lui qui priait maintenant pour ceux qu'il avait laissés sur la terre et qu'il continuait dans le ciel, mais avec plus d'efficacité encore, la bienfaisante mission de charité qu'il avait commencée avec tant de dévouement pendant les jours de sa vie mortelle.

Cette impression était partagée par tous ceux qui ont vécu dans l'intimité d'Auguste Simon et elle a été exprimée par la voix la plus autorisée, par la voix de celui qui fut son pasteur, le guide de son âme et en même temps son ami. Témoin de sa vie et de sa mort, M. l'abbé Ludot, curé de la Neuville-au-Pont, me disait, le jour même des funérailles de notre ami : « Dois-je prier pour le repos de l'âme de M. Simon, ou plutôt ne dois-je pas l'invoquer comme nous invoquons les saints ? »

Cet hommage rendu à Auguste Simon, venant d'un témoin aussi autorisé, vaut à lui seul le plus éloquent panégyrique.

VIII

Enfin, pour résumer cette esquisse très imparfaite et bien incomplète, je place Auguste Simon dans la région moyenne qui est celle des bons et solides esprits. C'est là sa place, le véritable cadre dans lequel il doit être vu, à tous les instants de sa vie, toujours fidèle à lui-même, à ses convictions comme à ses affections premières. Cet homme dont les facultés étaient admirablement équilibrées, offrait le plus heureux accord de l'imagination, de la raison et du cœur avec la religion du devoir et un vif sentiment du bien et du vrai.

Nature droite et dévouée, aimante et forte, généreuse et délicate, plus prompte au sacrifice que tant d'autres le sont au plaisir, plus amie du travail que du repos, du bonheur d'autrui que du sien propre ; qui ne connut le mal que pour s'en préserver, et dont la pure et douce physionomie où se reflétaient la droiture et la loyauté, laissait aisément entrevoir la beauté d'une âme virginale que le souffle du vice n'avait jamais déflorée ; une intelligence facile et ouverte aux études sérieuses, un jugement sûr et ferme, une franchise qui ne sut jamais dissimuler la vérité, une délicatesse de conscience portée jusqu'au scrupule, une énergie de volonté à toute épreuve, assez d'esprit pour intéresser ceux qui en avaient le plus et, ce qui est plus rare que l'esprit, une prudence consommée et une modestie charmante qui n'avait d'égale que la bonté et la bienveillance dont il faisait preuve dans ses relations. Tous ceux qui l'ont connu s'accordaient à louer l'agrément de son commerce, la sagesse de ses conseils, son dévouement et son inépuisable charité. Réservé sans être guindé, il portait dans son maintien cet air naturellement aisé et distingué qui n'a rien à demander à une grâce d'emprunt. Aussi ne pouvait-on se défendre d'un sentiment de profonde estime en présence de cet homme si complet, dont la grandeur morale imposait le respect à ceux-là mêmes qui ne savaient pas toujours se respecter, tant tout en lui annonçait une nature de choix et des dons qui ne sont le partage que des natures d'élite.

Tel était Auguste Simon, tel nous l'avons connu et aimé, paré de toutes les vertus humaines, relevées et transfigurées par la foi qui les inspire et par la grâce divine dont la souveraine efficacité leur communique ce je ne sais quoi d'achevé, qui constitue le sceau de la sainteté.

4845. — Paris. Imp. de l'Œuvre de Saint-Paul, L. Philipona, 51, rue de Lille.

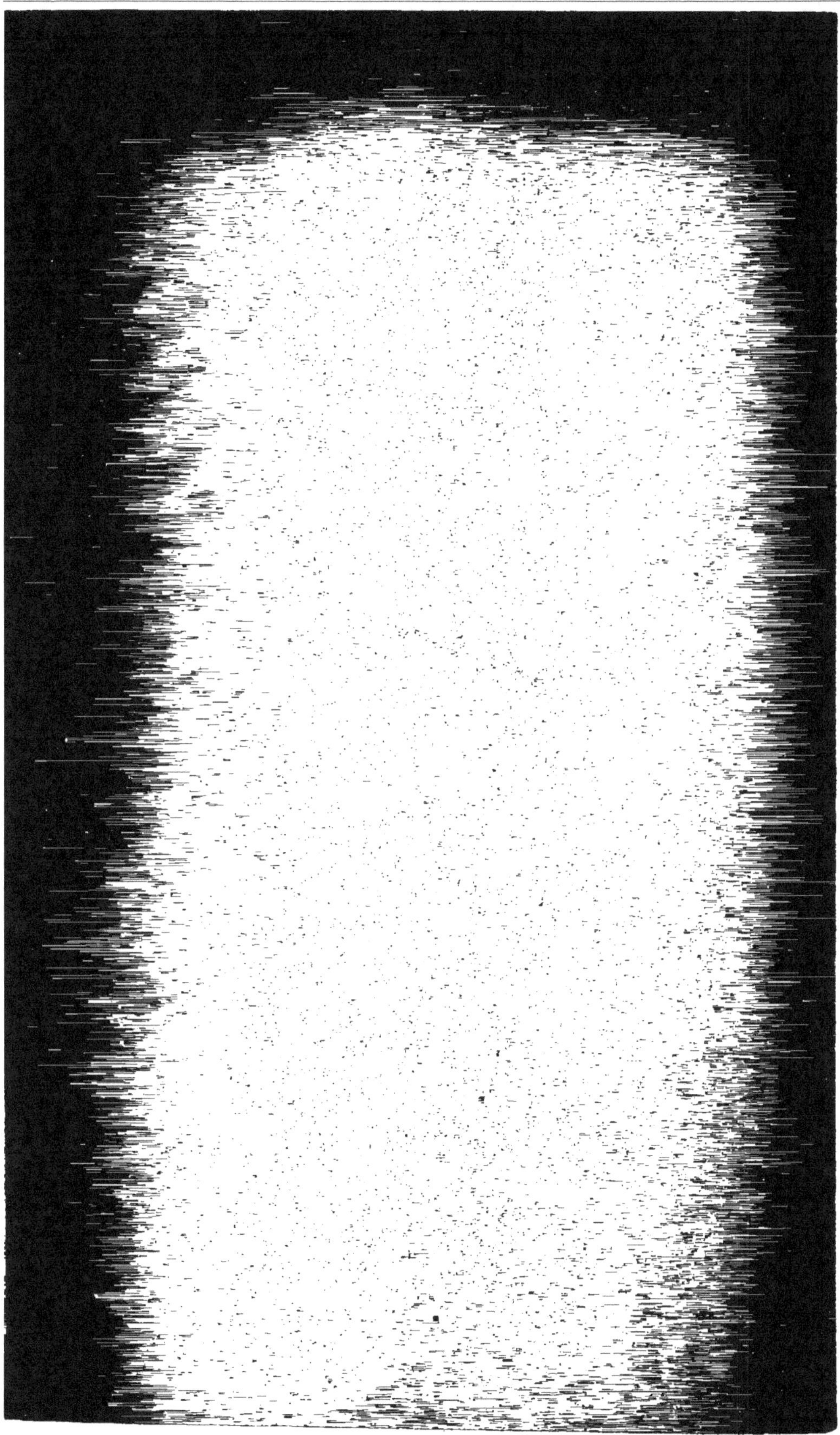